VANEIGEM

Avertissement aux écoliers et lycéens

Illustrations
de Laurent Parienty

ÉDITIONS MILLE ET UNE NUITS

VANEIGEM
n° 69

Texte inédit

Notre adresse Internet : www.1001nuits.com

ISBN : 978-2-84205-346-8

Sommaire

VANEIGEM

Avertissement aux écoliers et lycéens

« L'être humain doit tout pouvoir, et ne rien devoir. Il n'y avait que peu de chose, en effet, dont il ne se croyait pas capable. Il n'escomptait pas que tout ce qu'il faisait réussirait ; souvent, cela ne réussissait pas. Mais il le pouvait quand même. »

Georg Groddeck

Avertissement aux écoliers et lycéens

L'école a été, avec la famille, l'usine, la caserne et accessoirement l'hôpital et la prison le passage inéluctable où la société marchande infléchissait à son profit la destinée des êtres que l'on dit humains.

Le gouvernement qu'elle exerçait sur des natures encore éprises des libertés de l'enfance l'apparentait, en effet, à ces lieux peu propices à l'épanouissement et au bonheur que furent – et que demeurent à des degrés divers – l'enclos familial, l'atelier ou le bureau, l'institution militaire, la clinique, les maisons d'arrêt.

L'école a-t-elle perdu le caractère rebutant qu'elle présentait aux XIXe et XXe siècles, quand elle rompait les esprits et les corps aux dures réalités du rendement et de la servitude, se faisant une gloire d'éduquer par devoir, autorité et austérité, non par plaisir et par passion ? Rien n'est moins sûr, et l'on ne saurait nier que, sous les apparentes sollicitudes de la modernité, nombre d'archaïsmes continuent de scander la vie des lycéennes et des lycéens.

L'entreprise scolaire n'a-t-elle pas obéi jusqu'à ce jour à une préoccupation dominante : améliorer les techniques de dressage afin que l'animal soit rentable ?

Aucun enfant ne franchit le seuil d'une école sans s'exposer au risque de se perdre ; je veux dire de perdre cette vie exubérante, avide de connaissances et d'émerveillements, qu'il serait si exaltant de nourrir, au lieu de la stériliser et de la désespérer sous l'ennuyeux travail du savoir abstrait. Quel terrible constat que ces regards brillants soudain ternis !

Voilà quatre murs. L'assentiment général convient qu'on y sera, avec d'hypocrites égards, emprisonné, contraint, culpabilisé, jugé, honoré, châtié, humilié, étiqueté, manipulé, choyé, violé, consolé, traité en avorton quémandant aide et assistance.

De quoi vous plaignez-vous ? objecteront les fauteurs de lois et de décrets. N'est-ce pas le meilleur moyen d'initier les béjaunes aux règles immuables qui régissent le monde et l'existence ? Sans doute. Mais pourquoi les jeunes gens s'accommoderaient-ils plus longtemps d'une société sans joie et sans avenir, que les adultes n'ont plus que la résignation de supporter avec une aigreur et un malaise croissants ?

Une école où la vie s'ennuie n'enseigne que la barbarie

Le monde a changé davantage en trente ans qu'en trois mille. Jamais – en Europe de l'Ouest tout au moins – la sensibilité des enfants n'a autant divergé des vieux réflexes prédateurs qui firent de l'animal humain la plus féroce et la plus destructrice des espèces terrestres.

Pourtant, l'intelligence demeure fossilisée, comme impuissante à percevoir la mutation qui s'opère sous nos yeux. Une mutation comparable à l'invention de l'outil, qui produisit jadis le travail d'exploitation de la nature et engendra une société composée de maîtres et d'esclaves. Une mutation où se révèle la véritable spécificité humaine : non la production d'une survie inféodée aux impératifs d'une économie lucrative, mais la création d'un milieu favorable à une vie plus intense et plus riche.

Notre système éducatif s'enorgueillit à raison d'avoir répondu avec efficacité aux exigences d'une société patriarcale jadis toute-puissante ; à ce détail près qu'une telle gloire est à la fois répugnante et révolue.

Sur quoi s'érigeait le pouvoir patriarcal, la tyrannie du père, la puissance du mâle ? Sur une structure hiérarchique, le culte du chef, le mépris de la femme, la dévastation de la nature, le viol et la violence oppressive. Ce pouvoir, l'histoire l'abandonne désormais dans un état avancé de délabrement : dans la communauté européenne, les régimes dictatoriaux ont disparu, l'armée et la police virent à l'assistance sociale, l'État se dissout dans l'eau trouble des affaires et l'absolutisme paternel n'est plus qu'un souvenir de Guignol.

Il faut vraiment cultiver la sottise avec une faconde ministérielle pour ne pas révoquer sur-le-champ un enseignement que le passé pétrit encore avec les ignobles levures du despotisme, du travail forcé, de la discipline militaire et de cette abstraction, dont l'étymologie – *abstrahere*, tirer hors de – dit assez l'exil de soi, la séparation d'avec la vie.

Elle agonise enfin, la société où l'on n'entrait vivant que pour apprendre à mourir. La vie reprend ses droits timidement comme si, pour la première fois dans l'histoire, elle s'inspirait d'un éternel printemps au lieu de se mortifier d'un hiver sans fin.

Odieuse hier, l'école n'est plus que ridicule. Elle fonctionnait implacablement selon les rouages d'un ordre qui se croyait immuable. Sa perfection mécanique brisait l'exubérance, la curiosité, la générosité des adolescents afin de les mieux intégrer dans les tiroirs d'une armoire que l'usure du travail changeait peu à peu en cercueil. Le pouvoir des choses l'emportait sur le désir des êtres.

La logique d'une économie alors florissante était imparable, comme l'égrènement des heures de survie qui sonnent avec constance le rappel de la mort. La puissance des préjugés, la force d'inertie, la résignation coutumière exerçaient si communément leur emprise sur l'ensemble des citoyens qu'en dehors de quelques insoumis, épris d'indépendance, la plupart des gens trouvaient leur compte dans la misérable espérance d'une promotion sociale et d'une carrière garantie jusqu'à la retraite.

Il ne manquait donc pas d'excellentes raisons pour engager l'enfant dans le droit chemin des convenances, puisque s'en remettre aveuglément à l'autorité professorale offrait à l'impétrant les lauriers d'une récompense suprême : la certitude d'un emploi et d'un salaire.

Les pédagogues dissertaient sur l'échec scolaire sans se préoccuper de l'échiquier où se tramait l'existence quotidienne, jouée à chaque pas dans l'angoisse du mérite et du démérite, de la perte et du profit, de l'honneur et du déshonneur. Une consternante banalité régnait dans les idées et les comportements : il y avait les forts et les faibles, les riches et les pauvres, les rusés et les imbéciles, les chanceux et les infortunés.

Certes, la perspective d'avoir à passer sa vie dans une usine ou un bureau à gagner l'argent du mois n'était pas de nature à exalter les rêves de bonheur et d'harmonie que nourrissait l'enfance. Elle produisait à la chaîne des adultes insatisfaits, frustrés d'une destinée qu'ils eussent souhaitée plus généreuse. Déçus et instruits par les leçons de l'amertume, ils ne trouvaient le plus souvent d'autre exutoire à leur ressentiment que d'absurdes querelles, soutenues par les meilleures raisons du monde. Les affrontements religieux, politiques, idéologiques leur procuraient l'alibi d'une Cause – comme ils disaient pompeusement – qui leur dissimulait en fait la sombre violence du mal de survie dont ils souffraient.

Ainsi leur existence s'écoulait-elle dans l'ombre glacée d'une vie absente. Mais quand l'air du temps est à la peste, les pestiférés font la loi. Si inhumains que fussent les principes despotiques qui régissaient l'enseignement et inculquaient aux enfants les sanglantes vanités de l'âge adulte – ceux que Jean Vigo raille dans son film *Zéro de conduite* –, ils participaient de la cohérence d'un système prépondérant, ils répondaient aux injonctions d'une société qui ne se reconnaissait d'autre moteur premier que le pouvoir et le profit.

Dorénavant, si l'éducation s'obstine à obéir aux mêmes mobiles, la machine de la pertinence s'est détraquée : il y a de moins en moins à gagner et de plus en plus de vie gâchée à racler les fonds de tiroir.

L'insupportable prééminence des intérêts financiers sur le désir de vivre n'arrive plus à donner le change. Le cliquetis quotidien de l'appât du gain résonne absurdement à mesure que l'argent dévalue, qu'une faillite commune arase capitalisme d'État et capitalisme privé, et que dévalent vers l'égout du passé les valeurs patriarcales du maître et de l'esclave, les idéologies de gauche et de droite, le collectivisme et le libéralisme, tout ce qui s'est édifié sur le viol de la nature terrestre et de la nature humaine au nom de la sacro-sainte marchandise.

Un nouveau style est en train de naître, que seule dissimule l'ombre d'un colosse dont les pieds d'argile ont déjà cédé. L'école demeure confinée dans le contre-jour du vieux monde qui s'effondre.

Faut-il la détruire ? Question doublement absurde.

D'abord parce qu'elle est déjà détruite. De moins en moins concernés par ce qu'ils enseignent et étudient – et surtout par la manière d'instruire et de s'instruire –, professeurs et élèves ne s'affairent-ils pas à saborder de conserve le vieux paquebot pédagogique qui fait eau de toutes parts ?

L'ennui engendre la violence, la laideur des bâtiments excite au vandalisme, les constructions modernes, cimentées par le mépris des promoteurs immobiliers, se lézardent, s'écroulent, s'embrasent, selon l'usure programmée de leurs matériaux de pacotille.

Ensuite, parce que le réflexe d'anéantissement s'inscrit dans la logique de mort d'une société marchande dont la nécessité lucrative épuise le vivant des êtres et des choses, le dégrade, le pollue, le tue.

Accentuer le délabrement ne profite pas seulement aux charognards de l'immobilier, aux idéologues de la peur et de la sécurité, aux partis de la haine, de l'exclusion, de l'ignorance, il donne des gages à cet immobilisme qui ne cesse de changer d'habits neufs et masque sa nullité sous des réformes aussi spectaculaires qu'éphémères.

L'école est au centre d'une zone de turbulence où les jeunes années sombrent dans la morosité, où la névrose conjuguée de l'enseignant et de l'enseigné imprime son mouvement au balancier de la résignation et de la révolte, de la frustration et de la rage.

Elle est aussi le lieu privilégié d'une renaissance. Elle porte en gestation la conscience qui est au cœur de notre époque : assurer la priorité au vivant sur l'économie de survie.

Elle détient la clé des songes dans une société sans rêve : la résolution d'effacer l'ennui sous la luxuriance d'un paysage où la volonté d'être heureux bannira les usines polluantes, l'agriculture intensive, les prisons en tous genres, les officines d'affaires véreuses, les entrepôts de produits frelatés, et ces chaires de vérités politiques, bureaucratiques, ecclésiastiques qui appellent l'esprit à mécaniser le corps et le condamnent à claudiquer dans l'inhumain.

Stimulé par les espérances de la Révolution, Saint-Just écrivait : « Le bonheur est une idée neuve en Europe. » Il a fallu deux siècles pour que l'idée, cédant au désir, exige sa réalisation individuelle et collective.

Désormais, chaque enfant, chaque adolescent, chaque adulte se trouve à la croisée d'un choix : s'épuiser dans un monde qu'épuise la logique d'une rentabilité à tout prix, ou créer sa propre vie en créant un environnement qui en assure la plénitude et l'harmonie. Car l'existence quotidienne ne se peut confondre plus longtemps avec cette survie adaptative à laquelle l'ont réduite les hommes qui produisent la marchandise et sont produits par elle.

Nous ne voulons plus d'une école où l'on apprend à survivre en désapprenant à vivre. La plupart des hommes n'ont été que des animaux spiritualisés, capables de promouvoir une technologie au service de leurs intérêts prédateurs mais incapables d'affiner humainement le vivant et d'atteindre ainsi à leur propre spécificité d'homme, de femme, d'enfant.

Au terme d'une course frénétique au profit, les rats en salopette et en costume trois pièces découvrent qu'il ne reste qu'une portion congrue du fromage terrestre qu'ils ont rongé de toutes parts. Il leur faudra ou progresser dans le dépérissement, ou opérer une mutation qui les rendra humains.

Il est temps que le *memento vivere* remplace le *memento mori* qui estampillait les connaissances sous prétexte que rien n'est jamais acquis.

Nous nous sommes trop longtemps laissés persuader qu'il n'y avait à attendre du sort commun que la déchéance et la mort. C'est une vision de vieillards prématurés, de *golden boys* tombés dans la sénilité précoce parce qu'ils ont préféré l'argent à l'enfance. Que ces fantômes d'un présent conjugué au passé cessent d'occulter la volonté de vivre qui cherche en chacun de nous le chemin de sa souveraineté !

Pour briser l'oppression, la misère, l'exploitation, il ne suffit plus d'une subversion empoisonnée par les valeurs mortes qu'elle combat. L'heure est venue de miser sur la passion irrépressible du vivant, de l'amour, de la connaissance, de l'aventure qu'inaugure à chaque instant quiconque a résolu de se créer selon sa « ligne de cœur ».

La société nouvelle commence où commence l'apprentissage d'une vie omniprésente. Une vie à percevoir et à comprendre dans le minéral, le végétal, l'animal, règnes dont l'homme est issu et qu'il porte en soi avec tant d'inconscience et de mépris. Mais aussi une vie fondée sur la créativité, non sur le travail ; sur l'authenticité, non sur le paraître ; sur la luxuriance des désirs, non sur les mécanismes du refoulement et du défoulement. Une vie dépouillée de la peur, de la contrainte, de la culpabilité, de l'échange, de la dépendance. Parce qu'elle conjugue inséparablement la conscience et la jouissance de soi et du monde.

Une femme qui a l'infortune d'habiter un pays gangrené par la barbarie et l'obscurantisme écrivait : « En Algérie, on apprend à l'enfant à laver un mort, moi je veux lui apprendre les gestes de l'amour. » Sans verser dans tant de morbidité, notre enseignement n'a été trop souvent, sous son apparente élégance, qu'un toilettage des morts. Il s'agit maintenant de retrouver jusque dans les libellés du savoir les gestes de l'amour : la clé de la connaissance est la clé des champs où l'affection est offerte sans réserve.

Que l'enfance se soit prise au piège d'une école qui a tué le merveilleux au lieu de l'exalter indique assez en quelle urgence l'enseignement se trouve, s'il ne veut pas sombrer plus avant dans la barbarie de l'ennui, de créer un monde dont il soit permis de s'émerveiller.

Gardez-vous cependant d'attendre secours ou panacée de quelque sauveur suprême. Il serait vain, assurément, d'accorder crédit à un gouvernement, à une faction politique, ramassis de gens soucieux de soutenir avant tout l'intérêt de leur pouvoir vacillant ; ni davantage à des tribuns et maîtres à penser, personnages médiatiques multipliant leur image pour conjurer la nullité que reflète le miroir de leur existence quotidienne. Mais ce serait surtout marcher au revers de soi que de s'agenouiller en quémandeur, en assisté, en inférieur, alors que l'éducation doit avoir pour but l'autonomie, l'indépendance, la création de soi, sans laquelle il n'est pas de véritable entraide, de solidarité authentique, de collectivité sans oppression.

Une société qui n'a d'autre réponse à la misère que le clientélisme, la charité et la combine est une société mafieuse. Mettre l'école sous le signe de la compétitivité, c'est inciter à la corruption, qui est la morale des affaires.

La seule assistance digne d'un être humain est celle dont il a besoin pour se mouvoir par ses propres moyens. Si l'école n'enseigne pas à se battre pour la volonté de vivre et non pour la volonté de puissance, elle condamnera des générations à la résignation, à la servitude et à la révolte suicidaire. Elle tournera en souffle de mort et de barbarie ce que chacun possède en soi de plus vivant et de plus humain.

Je ne suppose pas d'autre projet éducatif que celui de se créer dans l'amour et la connaissance du vivant. En dehors d'une école buissonnière où la vie se trouve et se cherche sans fin – de l'art d'aimer aux mathématiques spéculatives –, il n'y a que l'ennui et le poids mort d'un passé totalitaire.

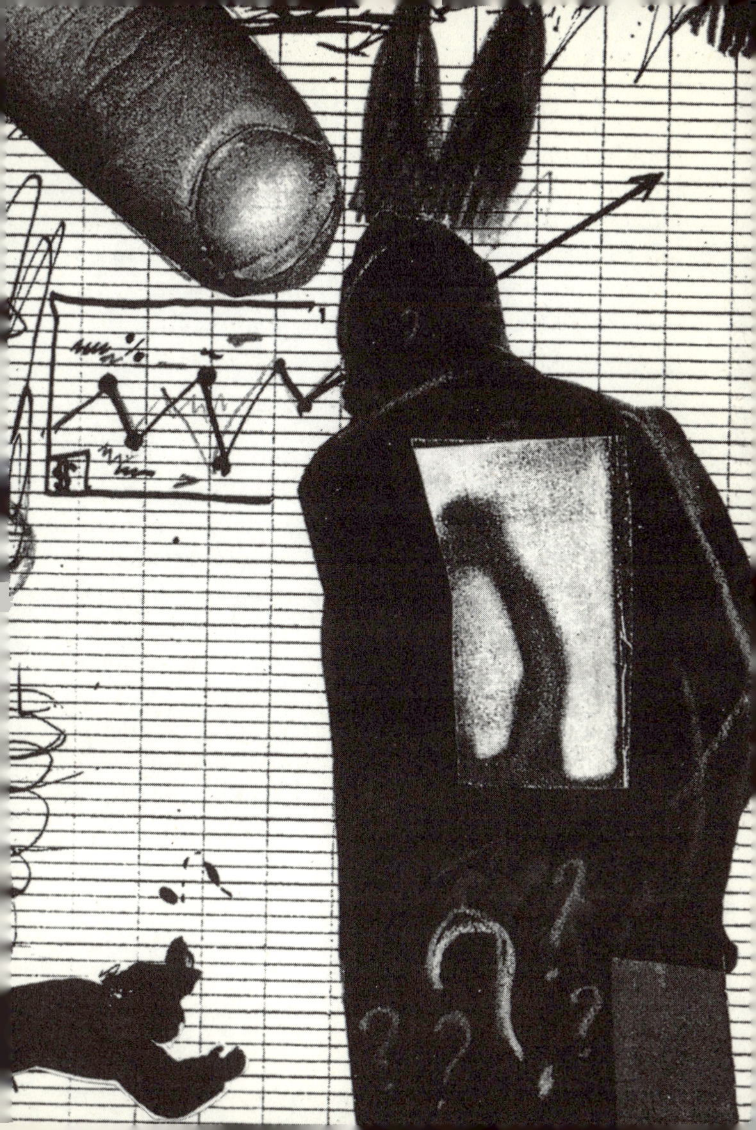

En finir avec l'éducation carcérale et la castration du désir

Hier encore instillé dès la petite enfance, le sentiment de la faute élevait autour de chacun la plus sûre des prisons, celle où les désirs sont emmurés. Pendant des millénaires, l'idée d'une nature exploitable et corvéable à merci a condamné au péché, au remords, à la pénitence, au refoulement amer et au défoulement compulsif la simple inclination à jouir de tous les agréments de la vie.

Quelle devrait être la préoccupation essentielle de l'enseignement ? Aider l'enfant dans son approche de la vie afin de lui apprendre à savoir ce qu'il veut et à vouloir ce qu'il sait ; c'est-à-dire à satisfaire ses désirs, non dans l'assouvissement animal mais selon les affinements de la conscience humaine.

L'inverse s'est produit. L'apprentissage s'est fondé sur la répression des désirs. On a revêtu l'enfant d'angéliques habits sous lesquels il n'a cessé de faire la bête, une bête dénaturée de surcroît. Comment s'étonner que les écoles imitent si bien, dans leur conception architecturale et mentale, les maisons de force où les réprouvés sont exilés des joies ordinaires de l'existence ?

Une école qui entrave les désirs stimule l'agressivité

Les anciens bâtiments scolaires ne laissent pas d'évoquer les pénitenciers. Les fenêtres haut placées n'autorisaient au regard de l'élève qu'une échappée vers le ciel, unique espace réservé au bonheur des âmes, sinon des corps. Car le corps, immobilisé sur un banc d'étude vite transformé en banc de torture, subissait dans la gêne ordinaire sa destinée terrestre.

L'opinion prévalait alors qu'il fallait pour s'instruire (comme pour être beau) apprendre à souffrir. Entrer dans l'âge adulte, n'était-ce pas renoncer aux plaisirs de l'enfance pour progresser dans une vallée de larmes, de décrépitude, de mort ?

Les pédagogues ont toujours affirmé que la discipline et le maintien de l'ordre formaient la condition *sine qua non* de toute éducation. Nous percevons mieux aujourd'hui à quel point leur prétendue science relevait en fait d'une très ordinaire pratique répressive : encourager le mépris de soi et brimer les « appétits charnels » afin d'élever l'homme au septième ciel de l'esprit en l'arrachant à la matière terrestre.

Le corps une fois rabaissé à l'état d'objet et, en l'occurrence, de matériel scolaire, l'instructeur n'en avait que plus de facilité pour enfoncer dans le crâne du potache des notions respectables et respectueuses de l'autorité. Solliciter l'intelligence abstraite et la raison

« objective » contribuait à occulter cette intelligence sensible et sensuelle chevillée aux désirs, cette petite lumière du cœur qui clignote quand l'enfant, se retrouvant seul avec lui-même, se pose la question : toutes ces connaissances assenées par contrainte et menace, en quoi vont-elles m'aider à me sentir bien dans ma peau, à vivre plus heureux, à devenir ce que je suis ?

Les méthodes éducatives ont renoncé aux châtiments corporels à l'époque où la gifle et le coup de pied aux fesses cessaient de constituer l'essentiel d'une éducation familiale qui, au dire des tortionnaires, avait toujours fait ses preuves. Et comment !

Cela ne signifie pas pour autant que le corps échappe désormais à la brimade, à la mortification, au mépris. Les sens ne sont-ils pas placés sous haute surveillance pendant les heures d'étude et dans l'espace qui leur est réservé ? L'œil a pour devoir de se river aux gestes du maître. La bouche, elle, ne s'ouvrira qu'à l'invite du mentor, et gare à ce qu'elle osera proférer ! Réponse incorrecte, propos malsonnant suscitent la volée de bois vert, la rebuffade, la raillerie, l'humiliation ; la parole pertinente ou servile s'attirant la louange que comptabilisera le bilan promotionnel de fin d'année. La main, enfin, se lèvera poliment pour solliciter l'attention du pédant, au risque, il n'y a pas si longtemps, de se faire taper sur les doigts avec la règle du droit bon sens.

On s'aperçoit, avec le recul du temps, que les lycéens et les lycéennes ont été traités selon les procédés du savant stalinien Pavlov qui, chez les chiens de son laboratoire, récompensait la bonne réponse d'un morceau de sucre et sanctionnait la mauvaise par un choc électrique. Ne fallait-il pas que le mépris fût la norme d'une époque pour que des pédagogues préconisent une méthode éducative qu'aucun être humain digne de ce nom n'infligerait aujourd'hui à un chien ? Et est-il si sûr que l'école ne reste pas, dans la lâcheté d'un assentiment général, un lieu de dressage et de conditionnement, auquel la culture sert de prétexte et l'économie de réalité ?

Comment peut-il y avoir connaissance où il y a oppression ?

Maintenues par la peur de bouger dans une prison de muscles tétanisés, les émotions refoulées instaurent entre l'oppresseur et l'opprimé une logique de destruction et d'autodestruction qui rompt toute forme de communication éclairée.

Aux sottes prétentions du maître à régner tyranniquement sur sa classe répondent avec une égale sottise le chahut et le charivari qui servent d'exutoire aux énergies réprimées.

Partout où la prison, le ghetto, la carapace caractérielle imposent leur stratégie d'enfermement, l'élan du désespoir dresse le poing du casseur. La main de l'écolier se venge en mutilant tables et chaises, en maculant les murs de signes insolents, en lacérant les oripeaux de la laideur, en sacralisant un vandalisme où la rage de détruire se paie du sentiment d'être détruit, violenté, mis à sac par le piège pédagogique quotidien.

Les bouches s'ouvrent en cris hargneux de la protestation, les yeux puisent dans le défi la lueur d'enthousiasme qui leur est refusée. Ainsi les mouvements de contestation qu'éveillent périodiquement les directives d'instances bureaucratiques et gouvernementales sombrent-ils – par absence de créativité – dans la même grisaille et la même stupidité que le pouvoir cacochyme qui les a provoqués. Qu'attendre de manifestations grégaires où l'intelligence des individus, à défaut d'un projet de changement radical, se ravale, selon le commun dénominateur des foules, au plus bas niveau de compréhension ?

Pour éviter l'explosion des désirs refoulés sens dessus dessous, les autorités ont su ménager des sas de décompression et de dérapages contrôlés. Le laxisme n'est pas le souffle de la liberté, il est la respiration de la tyrannie.

La cour de récréation que comportent prisons, casernes et écoles permet à l'énergie libidinale comprimée par les rigueurs de la discipline de se débonder à loisir. Elle conserve la séparation entre la tête – le « chef » – et le reste du corps, qui lui est soumis en principe, mais elle inverse l'ordre hiérarchique institué pendant le temps d'étude. Le dernier y devient le premier : le cancre et la brute musclée tiennent le haut du pavé et en font baver aux forts en thème. Rien n'est changé, si ce n'est que les pulsions de la vie opprimée se débondent en pulsions de mort.

Une fois refermée la parenthèse du désordre toléré, l'esprit reprend ses droits, avec mission de régner sur le chaos. Ceux que le pouvoir professoral a auréolés de la sainteté du savoir réintègrent leur place en tête du peloton. Leur intellectualité rejette dans les ténèbres la bête qui rôde au profond de l'être, tandis que leur supériorité s'affirme sur la horde des indisciplinés, des dissipés, des cancres, qualifiés de bêtes, selon une insulte qui mériterait d'être analysée de plus près (lorsqu'on prendra conscience que renier l'animalité des pulsions au lieu de l'affiner n'aboutit pas à l'humanité mais à une bestialité à visage humain).

Il existe évidemment un rythme naturel de l'effort et du repos, de la concentration et de la détente, mais l'organisation sociale du travail a substitué à la simple alternance de la contraction et de la décontraction le mécanisme psychologique du refoulement et du défoulement. Le comportement ordinaire de l'exploiteur accordant aux exploités un temps de délassement qui les renverra dispos à l'usine et au bureau s'est exprimé avec justesse dans les propos du général de Gaulle irrité par la révolution de 1968 : « Il est temps de siffler la fin de la récréation. »

Apprendre sans désir, c'est désapprendre à désirer

Le mépris de soi et des autres est inhérent au travail d'exploitation de la nature terrestre et de la nature humaine. C'est pourquoi peu songent à s'indigner qu'il soit monnaie courante dans les échanges entre professeurs et élèves. Il serait illusoire de croire qu'une pratique aussi intolérable puisse cesser sous l'effet d'un choix éthique, d'une volonté de courtoisie, de quelque formule du style « je vous serais reconnaissant de ne pas me parler sur ce ton ». Ce qui est en jeu, c'est une refonte radicale de la société et d'un enseignement qui n'a pas encore découvert que chaque enfant, que chaque adolescent possède à l'état brut l'unique richesse de l'homme, sa créativité.

Comment peut-on exciter la curiosité chez des êtres tourmentés par l'angoisse de la faute et la peur des sanctions ? Certes, il existe des professeurs assez enthousiastes pour passionner leur auditoire et faire oublier un instant les détestables conditions qui dégradent leur métier. Mais combien, et pendant combien d'années ?

Dénombrez, d'une part, les bureaucrates qui terrorisent leur classe et sont terrorisés par elle, et de l'autre les artistes, jongleurs et funambules du savoir, capables de captiver sans avoir jamais à se transformer en gardes-chiourmes ou en adjudants-chefs.

Il ne s'agit pas ici de juger, ni d'entrer dans la pratique imbécile du mérite et du démérite en vitupérant les premiers et en louant les seconds. Non, ce qui importe, c'est de tout mettre en œuvre pour que l'enseignement garde en éveil cette curiosité si naturelle et si pleine de vie que Shéhérazade obtint d'elle le privilège de tenir en échec la mort dont la menaçait un tyran.

L'aberration du monde à l'envers a grevé pendant des siècles l'éducation de l'enfant.

Que tant d'efforts et de fatigue soient requis du maître et de l'élève pour raviver une avidité de savoir si frénétiquement attestée dans l'âge tendre dit assez qu'une évolution a été brutalement interrompue. La curiosité a été bel et bien étouffée à une époque où elle participait du développement ludique de l'enfance, quand elle était amusante et jetait pourtant les bases d'un gai savoir, incompatible avec la vision austère des adultes, pour qui la science revêt le sérieux des affaires et doit se propager par vérités sèches, ennuyeuses, abstraites.

Souvenez-vous des mille questions que l'enfant pose sur lui et sur le monde qu'il découvre avec un émerveillement sans fin. Pourquoi pleut-il ? Pourquoi la mer est-elle bleue ? Pourquoi mon frère m'arrache-t-il mes jouets ? Les réponses qu'il recevait n'étaient le plus souvent que propos évasifs et rebuffades. Si bien que lassé d'une démarche dont on lui faisait ressentir l'inconvenance, il se laissait pénétrer par l'impression de n'être ni digne ni capable de comprendre. Comme si toute étape de développement psychologique ne possédait son mode de compréhension adéquat.

Lorsque, rebuté enfin par tant d'interrogations jugées sans intérêt, il entre dans le cycle des études, on lui assène des réponses dont il a perdu le désir. Ce qu'il avait souhaité passionnément connaître quelques années auparavant, il est contraint de l'étudier par force et en bâillant d'ennui.

La diversité des sensations heureuses et malheureuses avait fait naître en lui cette conscience expérimentale qui permettait d'améliorer les unes et d'éviter les autres. Entretenue par une pédagogie parentale pleine d'attention, de sollicitude et d'affection, une telle motivation psychologique l'eût entraîné à désirer sans fin, à vouloir en savoir plus, à aborder le monde avec une curiosité sans bornes. Pour la simple raison que les connaissances obéissaient alors à la plus naturelle des sollicitations : se rendre heureux.

Si l'enseignement est reçu avec réticence, voire avec répugnance, c'est que le savoir filtré par les programmes scolaires porte la marque d'une blessure ancienne : il a été castré de sa sensualité originelle.

La connaissance du monde sans la conscience des désirs de vie est une connaissance morte. Elle n'a d'usage qu'au service des mécanismes qui transforment la société selon les nécessités de l'économie. Les adoucissements qu'elle procure au sort des hommes, elle ne les livre qu'à contrecœur et avec la menace d'une prochaine rigueur qui en effacera les effets.

Après avoir arraché l'écolier à ses pulsions de vie, le système éducatif entreprend de le gaver artificiellement afin de le mener sur le marché du travail, où il continuera à ânonner jusqu'à écœurement le leitmotiv de ses jeunes années : que le meilleur gagne !

Gagne quoi ? Plus d'intelligence sensible, plus d'affection, plus de sérénité, plus de lucidité sur soi et sur les circonstances, plus de moyens d'agir sur sa propre existence, plus de créativité ? Non, plus d'argent et plus de pouvoir, dans un univers qui a usé l'argent et le pouvoir à force d'être usé par eux.

Erreur n'est pas culpabilité

Le système éducatif ne s'est pas contenté de murer les désirs d'enfance dans la carapace caractérielle où les muscles tétanisés, le cœur endurci et l'esprit imprégné par l'angoisse ne favorisent pas vraiment l'exubérance et l'épanouissement. Il ne s'est pas borné à colloquer l'écolier dans des bâtiments sans joie, destinés à lui rappeler, au cas où il l'oublierait, qu'il n'est pas là pour s'amuser. Il suspend, en outre, au-dessus de sa tête le glaive, à la fois ridicule et menaçant, d'un verdict.

Chaque jour, l'élève pénètre, qu'il le veuille ou non, dans un prétoire où il comparaît devant ses juges sous l'accusation présumée d'ignorance. À lui de prouver son innocence en régurgitant à la demande les théorèmes, règles, dates, définitions qui contribueront à sa relaxation en fin d'année scolaire.

L'expression « mettre en examen », c'est-à-dire procéder, en matière criminelle, à l'interrogatoire d'un suspect et à l'exposition des charges, évoque bien la connotation judiciaire que revêt l'épreuve écrite et orale infligée aux étudiants.

Nul ne songe ici à nier l'utilité de contrôler l'assimilation des connaissances, le degré de compréhension, l'habileté expérimentale. Mais faut-il pour autant travestir en juge et en coupable un maître et un élève qui ne demandent qu'à instruire et à être instruit ? De quel esprit despotique et désuet les pédagogues s'autorisent-ils pour s'ériger en tribunal et trancher dans le vif avec le couperet du mérite et du démérite, de l'honneur et du déshonneur, du salut et de la damnation ? À quelles névroses et obsessions personnelles obéissent-ils pour oser jalonner de la peur et de la menace d'un jugement suspensif le cheminement d'enfants et d'adolescents qui ont seulement besoin d'attentions, de patience, d'encouragements et de cette affection qui a le secret d'obtenir beaucoup en exigeant peu ?

N'est-ce pas que le système éducatif persiste à se fonder sur un principe ignoble, issu d'une société qui ne conçoit le plaisir qu'au crible d'une relation sadomasochiste entre maître et esclave : « Qui aime bien châtie bien » ?

C'est un effet de la volonté de puissance, non de la volonté de vivre, que de prétendre par un jugement déterminer le sort d'autrui.

Juger empêche de comprendre pour corriger. Le comportement de ces juges, eux-mêmes apeurés par la crainte d'être jugés, détourne des qualités indispensables l'élève engagé dans sa longue marche vers l'autonomie : l'obstination, le sens de l'effort, la sensibilité en éveil, l'intelligence déliée, la mémoire constamment exercée, la perception du vivant sous toutes ses formes et la prise de conscience des progrès, des retards, des régressions, des erreurs et de leur correction.

Aider un enfant, un adolescent à assurer sa plus grande autonomie possible implique sans nul doute une lucidité constante sur le degré de développement des capacités et sur l'orientation qui les favorisera. Mais qu'y a-t-il de commun entre le contrôle auquel l'élève se soumettrait, une fois prêt à franchir une étape de la connaissance, et la mise en examen devant un tribunal professoral ? Laissez donc la culpabilité aux esprits religieux qui ne songent qu'à se tourmenter en tourmentant les autres.

Les religions ont besoin de la misère pour se perpétuer, elles l'entretiennent afin de prêter plus d'éclat à leurs actes de charité. Eh bien, le système éducatif agit-il autrement lorsqu'il suppose chez l'élève une faiblesse constitutive, toujours exposée au péché de paresse et d'ignorance, dont seul peut l'absoudre la mission pour ainsi dire sacrée du professeur ? Il est temps d'en finir avec ces billevesées du passé !

Chacun possède sa propre créativité. Qu'il ne tolère plus qu'on l'étouffe en traitant comme un délit passible de châtiment le risque de se tromper. Il n'y a pas de fautes, il n'y a que des erreurs, et les erreurs se corrigent.

Seuls ceux qui possèdent la clé des champs et la clé des songes ouvriront l'école sur une société ouverte

La perspective d'une rentabilité à tout prix est le rideau de fer d'un monde clos par l'économie. La perspective de vie s'ouvre sur un monde où tout est à explorer et à créer. Or, l'institution scolaire appartient aux milieux d'affaires qui la voudraient gérer cyniquement, sans plus s'embarrasser du vieux formalisme humanitaire. Reste à savoir si élèves et professeurs se laisseront réduire à la fonction de rouages lucratifs, si, n'augurant rien de bon de la gestion, à laquelle on les convie, d'un univers en ruines, ils ne gageront pas d'apprendre à vivre au lieu de s'économiser.

Tout se joue aujourd'hui sur un changement de mentalité, de vision, de perspective.

Épingler un papillon n'est pas la meilleure façon de faire connaissance avec lui. Celui qui transforme le vivant en chose morte, sous quelque prétexte que ce soit, démontre seulement que son savoir ne lui a même pas servi à devenir humain.

Il existe, en revanche, une approche qui décèle le rayonnement de la vie au sein d'un cristal, d'un poème, d'une équation, d'une formule chimique, d'une plante, d'un objet manufacturé. Elle établit entre l'observateur et l'observé une relation d'osmose où tout est distinct sans que rien soit séparé.

La conscience d'une présence vivante dans le sujet et dans l'objet n'est-elle pas de nature à manifester ce qu'il y a de maître dans l'élève et d'élève dans le maître ? Où manque l'intelligence de la vie, il n'y a que des rapports de brutes. Ce qui ne vient pas de ce qu'il y a en nous de plus vivant pour y retourner se dévoie vers la mort, pour la plus grande gloire des armées et des technologies de profit. C'est pourquoi la plupart des écoles sont des champs de bataille où le mépris, la haine et la violence dévastatrice dressent le constat de faillite d'un système éducatif qui contraint l'enseignant au despotisme et l'enseigné à la servilité.

Quelle résignation dans l'enfermement prétendument studieux où l'élève est convié à se sacrifier et à claquer sur son propre bonheur la porte du renoncement ! Et comment instruirait-il les enfants qu'il a devant lui, l'éducateur qui n'est même plus capable de redevenir enfant en renaissant chaque jour à lui-même ? Celui qui porte dans son cœur le cadavre de son enfance n'éduquera jamais que des âmes mortes.

Dispenser la connaissance, c'est réveiller l'espoir d'un monde merveilleux que la jeunesse a nourri et dont l'homme ne cesse de se nourrir. Encore faut-il dans le même temps briser la malédiction des idées reçues et se moquer de ces comptables du pouvoir et du profit qui ont si bien exclu le merveilleux de leur réalité que l'impatience enfantine le relègue au royaume des fées et l'impuissance des vieux dans les marais de l'utopie.

Le corps humain, le comportement animal, la fleur, la spéculation philosophique, la culture du blé, l'eau, la pierre, le feu, l'électricité, le travail du bois, l'équitation, la physique quantique, l'astronomie, la musique, un moment soudain privilégié dans l'existence quotidienne, tout ressortit du merveilleux, non par mystique contemplative mais parce que le choix d'une prééminence du vivant cesse de se plier aux impératifs traditionnels de l'exploitation lucrative.

Quand la forêt est le poumon de la terre et non le prix d'un certain nombre de stères ou un espace à dévaster par intérêt immobilier, alors se manifeste le sens humain d'une nature offrant ses ressources énergétiques à qui l'aborde sans la violenter.

L'apprentissage de la vie est une promenade dans l'univers du don. Une promenade mycologique en quelque sorte, où le guide enseigne à distinguer les champignons comestibles des autres, impropres à la consommation, voire mortels mais dont un traitement approprié peut tirer des vertus curatives.

Au lieu du camp retranché où croupit tristement une main-d'œuvre de réserve, pourquoi ne faites-vous pas de l'école un parc attractif du savoir, un lieu ouvert où les créateurs viendraient parler de leur métier, de leur passion, de leur expérience, de ce qui leur tient à cœur ? Un luthier, un maraîcher, un ébéniste, un peintre, un biologiste ont assurément plus et mieux à enseigner que ces hommes d'affaires qui viennent prôner l'adaptation aux lois aléatoires du marché.

Que l'ouverture sur le monde culturel soit aussi l'ouverture sur la diversité des âges ! Pourquoi réserver aux jeunes le droit à l'instruction, en excluant les adultes soucieux de s'initier à la littérature ou aux mathématiques ? Tous n'auraient-ils pas à gagner d'un contact qui brisât l'opposition factice entre les classes d'âge ?

Mais il n'y a ni recette ni panacée. Il appartient seulement à la volonté de vivre de chacun d'ouvrir ce qui a été fermé par la violence du totalitarisme économique. C'est là que l'imagination démontrera sa puissance.

Il ne se passe pas d'année que des dizaines d'instituteurs et de professeurs inventifs ne suggèrent des méthodes d'enseignement fondées sur un nouvel accord des êtres et des choses. Vous qui vous plaignez du nombre de bureaucrates usurpant le nom d'enseignants, et qui jettent sur la planète le froid regard des chiffres à force de limiter leur intérêt à la fiche de salaire, quand avez-vous revendiqué que fussent menées plus avant les idées de Freinet et de quelques autres au savoir généreux ? Quand avez-vous opposé aux distillateurs d'ennui qui vous gouvernent des projets d'éducation ludique et vivante ? Avez-vous jamais entrepris de substituer au rapport hiérarchique entre maîtres et élèves une relation fondée non plus sur l'obédience mais sur l'exercice de la créativité individuelle et collective ?

Quand des hommes politiques d'une consternante médiocrité vous invitent à leur soumettre vos revendications, n'ont-ils pas la satisfaction de vous découvrir aussi indigents qu'eux, sinon financièrement, du moins en intelligence et en imagination ? Ne doutez pas qu'au prix de rabais où vous vous soldez, ils vous accordent sans barguigner le droit de les brocarder en de grandes manifestations cathartiques.

La pire résignation est celle qui se donne l'alibi de la révolte. Nourrissez-vous si peu d'estime à votre égard que vous ne preniez le temps d'identifier vos désirs de vie, que vous ne sachiez quelle existence vous souhaitez mener ? Ne pressentez-vous d'autre choix qu'en l'alternative qui vous est officiellement proposée entre la pauvreté du riche et la misère du pauvre ?

Faut-il que le désolant avenir d'une vie passée à grappiller l'argent du mois vous paraisse lumineux parce que l'ombre du chômage s'accroît partout où règne le soleil médiatique du plein emploi ? Rien ne tue plus sûrement que de se contenter de survivre.

Démilitariser l'enseignement

L'esprit de caserne a régné souverainement dans les écoles. On y défilait au pas, obtempérant aux ordres de pions auxquels ne manquaient que l'uniforme et les galons. La configuration du bâtiment obéissait à la loi de l'angle droit et de la structure rectiligne. Ainsi l'architecture s'employait-elle à surveiller les écarts de conduite par la rectitude d'une austérité spartiate.

Jusque dans les années soixante, l'institution éducative demeura pétrie de ces vertus guerrières qui prescrivaient d'aller mourir aux frontières plutôt que de s'adonner aux plaisirs de l'amour et du bonheur. Une telle injonction sombrerait aujourd'hui dans le ridicule mais, en dépit de la mutation amorcée en mai 1968 et du discrédit dans lequel est tombée l'armée d'une Europe sans combat (à l'exception de quelques guerres locales où elle dédaigne d'intervenir), il serait excessif de prétendre qu'est frappée de désuétude la tradition de l'injonction vociférée, de l'insulte aboyée, de l'ordre sans réplique et de l'insubordination qui en est la réponse appropriée.

L'autorité presque absolue dont le maître est investi sert davantage l'expression de comportements névrotiques que la diffusion d'un savoir. La loi du plus fort n'a jamais fait de l'intelligence qu'une des armes de la bêtise. Beaucoup rechignent, sans doute, à n'avoir ainsi que le droit de se taire. Mais tant qu'une communauté d'intérêt ne situera pas au centre du savoir les inclinations, les doutes, les tourments, les problèmes que chacun ressent au fil du jour – c'est-à-dire ce qui compose la part la plus importante de sa vie –, il n'y aura que la morgue et le mépris pour transmettre des messages dont le sens ne nous concerne pas vraiment en tant qu'êtres de désirs.

Ce qui s'enseigne par la peur rend le savoir craintif

L'autorité légalement accordée à l'enseignant prête un goût si amer à la connaissance que l'ignorance en arrive à se parer des lauriers de la révolte. Celui qui dispense son savoir par plaisir n'a que faire de l'imposer mais l'encasernement éducatif est tel qu'il faut instruire par devoir, non par agrément.

Essayez donc de prôner une compréhension mutuelle entre un professeur pénétrant dans sa classe comme dans une cage aux fauves et des potaches rompus à esquiver le fouet et prêts à dévorer le dompteur ! Alors que l'autocratisme est partout battu en brèche en Europe occidentale, l'école reste dominée par la tyrannie. C'est à qui aboiera le plus fort dans une arène où les frustrations se déchirent.

Rien n'est plus ignoble que la peur, qui rabaisse l'homme à la bête aux abois, et je ne conçois pas qu'elle se puisse tolérer ni de la part de l'élève ni de la part du professeur. Rien ne progresse par la terreur que la terreur elle-même. Quand les directives pédagogiques s'échineraient à privilégier le principe qui me paraît la condition d'un véritable apprentissage de la vie : ôter la peur et donner l'assurance, il faudrait, pour l'appliquer, faire de l'école un lieu où ne règnent ni autorité ni soumission, ni forts ni faibles, ni premiers ni derniers. Tant que vous ne formerez pas une communauté d'élèves et d'enseignants attachés à parfaire ce que chacun a de créatif en soi, vous aurez beau vous indigner de la barbarie sous tous ses aspects, du fanatisme religieux, du sectarisme politique, de l'hypocrisie et de la corruption des gouvernants, vous ne chasserez ni les intégrismes, ni les mafias de la drogue et des affaires, parce qu'il y a dans l'organisation hiérarchisée de l'enseignement un ferment sournois qui prédispose à leur emprise.

Maintenant que les idéologies de gauche et de droite fondent au soleil de leur mensonge commun, le seul critère d'intelligence et d'action réside dans la vie quotidienne de chacun et dans le choix, auquel chaque instant le confronte, entre ce qui affermit sa propre vie et ce qui la détruit. Si tant d'idées généreuses sont devenues leur contraire, c'est que le comportement qui militait en leur faveur en était la négation. Un projet d'autonomie et d'émancipation ne peut, sans vaciller, se fonder sur cette volonté de puissance qui continue d'imprimer dans les gestes le pli du mépris, de la servitude, de la mort.

Je n'entrevois d'autre façon d'en finir avec la peur et le mensonge qui en résulte que dans une volonté sans cesse ravivée de jouir de soi et du monde. Apprendre à démêler ce qui nous rend plus vivant de ce qui nous tue est la première des lucidités, celle qui donne son sens à la connaissance.

Les techniques les plus élaborées mettent à notre disposition une somme considérable d'informations. De tels progrès ne sont pas négligeables mais ils resteront lettre morte si une relation privilégiée entre les éducateurs et de petits groupes d'écoliers ne branche pas le réseau des connaissances abstraites sur le seul « terminal » qui nous intéresse : ce que chacun veut faire de sa vie et de son destin.

Libérer de la contrainte le désir de savoir

L'exploitation violente de la nature a substitué la contrainte au désir ; elle a propagé partout la malédiction du travail manuel et intellectuel, et réduit à une activité marginale la vraie richesse de l'homme : la capacité de se recréer en recréant le monde.

En produisant une économie qui les économise jusqu'à en faire l'ombre d'eux-mêmes, les hommes n'ont fait qu'entraver leur évolution. C'est pourquoi l'humanité reste à inventer.

L'école porte la marque sensible d'une cassure dans le projet humain. On y perçoit de plus en plus comment et à quel moment la créativité de l'enfant y est brisée sous le martèlement du travail. La vieille litanie familiale : « Travaille d'abord, tu t'amuseras ensuite » a toujours exprimé l'absurdité d'une société qui enjoignait de renoncer à vivre afin de mieux se consacrer à un labeur qui épuisait la vie et ne laissait aux plaisirs que les couleurs de la mort.

Il faut toute la sottise des pédagogues spécialisés pour s'étonner que tant d'efforts et de fatigues infligés aux écoliers aboutissent à d'aussi médiocres résultats. À quoi s'attendre quand le cœur n'y est pas, ou n'y est plus ?

Charles Fourier observant, au cours d'une insurrection, avec quel soin et quelle ardeur les émeutiers dépavaient une rue et élevaient une barricade en quelques heures, remarquait qu'il aurait fallu pour le même ouvrage trois jours de travail à une équipe de terrassiers aux ordres d'un patron. Les salariés n'auraient pris à l'affaire d'autre intérêt que la paie, au lieu que la passion de la liberté animait les insurgés.

Seul le plaisir d'être soi et d'être à soi prêterait au savoir cette attraction passionnelle qui justifie l'effort sans recourir à la contrainte.

Car devenir ce que l'on est exige la plus intransigeante des résolutions. Il y faut de la constance et de l'obstination. Si nous ne voulons pas nous résigner à consommer des connaissances qui nous réduiront au misérable état de consommateur, nous ne pouvons ignorer qu'il nous faudra, pour sortir du bourbier où s'enlise la société du passé, prendre l'initiative d'une poussée de sens contraire. Mais quoi ! On vous voit prêts à vous battre et à écraser les autres pour obtenir un emploi et vous hésiteriez à investir votre énergie dans une vie qui sera tout l'emploi que vous ferez de vous-même ?

Nous ne voulons pas être les meilleurs, nous voulons que le meilleur de la vie nous soit acquis, selon ce principe d'inaccessible perfection qui révoque l'insatisfaction au nom de l'insatiable.

1 2 3
4 5 6

Faire de l'école un centre de création du vivant, non l'antichambre d'une société parasitaire et marchande

En décembre 1991, La Commission européenne publiait un mémorandum sur l'enseignement supérieur. Elle y recommandait aux universités de se comporter comme des entreprises soumises aux règles concurrentielles du marché. Le même document exprimait le vœu que les étudiants fussent traités comme des clients, incités non à apprendre mais à consommer.

Les cours devenaient ainsi des produits, les termes « étudiants », « études » laissant place à des expression mieux appropriées à la nouvelle orientation : « capital humain », « marché du travail ».

En septembre 1993, la même Commission récidive avec un *Livre vert sur la dimension européenne de l'éducation*. Elle y précise qu'il faut, dès la maternelle, former des « ressources humaines pour les besoins exclusifs de l'industrie » et favoriser « une plus grande adaptabilité des comportements de manière à répondre à la demande du marché de la main-d'œuvre ».

Voilà comment le zoom encrassé du présent projette en avenir radieux l'efficacité révolue du passé !

Une fois éliminé ce qui subsistait de médiocrement rentable dans l'école d'hier –, le latin, le grec, Shakespeare et compagnie – les étudiants auront enfin le privilège d'accéder aux gestes qui sauvent : équilibrer la balance des marchés en produisant de l'inutile et en consommant de la merde.

L'opération est en bonne voie puisque, si divers qu'ils se veuillent, les gouvernements adhèrent à l'unanimité au principe : « L'entreprise doit être axée sur la formation et la formation doit être axée sur les besoins de l'entreprise. »

Des recrues pour gérer la faillite

Il n'est pas inutile, pour aider à la compréhension de notre époque, de préciser par quel processus le développement du capitalisme a abouti à une crise planétaire qui est la crise de l'économie dans son fonctionnement totalitaire.

Ce qui domina, dès le début du XIXe siècle, l'ensemble des comportements individuels et collectifs, fut la nécessité de produire. Organiser la production par le truchement du travail intellectuel et du travail manuel exigeait une méthode directive, une mentalité autoritaire, voire despotique.

L'heure était à la conquête militaire des marchés. Les pays industrialisés pillaient sans scrupule les ressources des nouvelles colonies.

Quand le prolétariat entreprit de coordonner ses revendications, il subit, en dépit de sa spontanéité libertaire, l'emprise autocratique que la prééminence du secteur productif exerçait sur les mœurs. Syndicats et partis ouvriers se donnent une structure bureaucratique qui aura tôt fait d'entraver les masses laborieuses sous couvert de les émanciper.

Le pouvoir rouge s'installe d'autant plus facilement qu'il arrache à la classe exploiteuse des parts de bénéfices, traduites en augmentation de salaires, en aménagements du temps de travail (la journée de huit heures, les congés payés), en avantages sociaux (allocations de chômage, soins de santé).

Les années 1920 et 1930 mènent à son stade suprême la centralisation de la production. Le passage du capitalisme privé au capitalisme d'État s'opère brutalement en Italie, en Allemagne, en Russie, où la dictature d'un parti unique – fasciste, nazi, stalinien – impose l'étatisation des moyens de production.

Dans les pays où la tradition libérale a sauvegardé une démocratie formelle, la concentration monopolistique attribuant à l'État une vocation patronale s'accomplit de manière plus lente, plus sournoise, moins violente.

C'est aux États-Unis que se manifeste en premier une orientation économique nouvelle, promise à un développement qui transformera sensiblement les mentalités et les mœurs : l'incitation à consommer y prend, en effet, le pas sur la nécessité de produire.

Dès 1945, le plan Marshall, destiné officiellement à aider l'Europe dévastée par la guerre, ouvre la voie à la société de consommation, identifiée à une société de bien-être.

L'obligation de produire à tout prix cède la place à une entreprise parée des attraits de la séduction, sous laquelle se cache en fait un nouvel impératif prioritaire : consommer. Consommer n'importe quoi mais consommer.

On assiste alors à une évolution surprenante : un hédonisme de supermarché et une démocratie de self-service, propageant l'illusion des plaisirs et du libre choix, parviennent à saper – plus sûrement que ne l'auraient espéré les anarchistes du passé – les sacro-saintes valeurs patriarcales, autoritaires, militaires et religieuses qu'avait privilégiées une économie dominée par les impératifs de la production.

On mesure mieux aujourd'hui combien la colonisation des masses laborieuses par l'incitation pressante à consommer un bonheur à tempérament a desserré l'étreinte de l'économie sur les colonies d'outre-mer et a favorisé le succès des luttes de décolonisation.

Si la liberté des échanges et leur indispensable expansion ont contribué à la fin de la plupart des régimes dictatoriaux et à l'effondrement de la citadelle communiste, ils ont assez rapidement dévoilé les limites du bien-être consommable.

Frustrés d'un bonheur qui ne coïncidait pas tout à fait avec l'inflation de gadgets inutiles et de produits frelatés, les consommateurs ont, dès 1968, pris conscience de la nouvelle aliénation dont ils étaient l'objet. Travailler pour un salaire qui s'investit dans l'achat de marchandises d'une valeur d'usage aléatoire suggère moins l'état de béatitude que l'impression désagréable d'être manipulé selon les exigences du marché. Ceux qui subissaient l'atelier et le bureau pendant la journée n'en sortaient que pour entrer dans les usines, moins coercitives mais plus mensongères, du consommable.

Les faux besoins primant sur les vrais, ce « n'importe quoi » qu'il fallait acheter a fini par engendrer à son tour une production de plus en plus aberrante de services parasitaires, tissés autour du citoyen avec mission de le sécuriser, de l'encadrer, de le conseiller, de le soutenir, de le guider, bref de l'engluer dans une sollicitude qui l'assimile peu à peu à un handicapé.

On a vu ainsi les secteurs prioritaires être sacrifiés au profit du secteur tertiaire, qui vend sa propre complexité bureaucratique sous forme d'aides et protections. L'agriculture de qualité a été écrasée par les lobbies de l'agroalimentaire, surproduisant des ersatz de céréales, de viandes, de légumes. L'art de se loger a été enseveli sous la grisaille, l'ennui et la criminalité du béton qui assure les revenus des milieux d'affaires. Quant à l'école, elle est appelée à servir de réserve pour les étudiants d'élite à qui est promise une belle carrière dans l'inutilité lucrative et les mafias financières. La boucle est bouclée : étudier pour trouver un emploi, si aberrant soit-il, a rejoint l'injonction de consommer dans le seul intérêt d'une machine économique qui se grippe de toutes parts en Occident – bien que les spécialistes nous annoncent chaque année sa triomphale remise en marche.

Nous nous enlisons dans les marais d'une bureaucratie parasitaire et mafieuse où l'argent s'accumule et tourne en circuit fermé au lieu de s'investir dans la fabrication de produits de qualité, utiles à l'amélioration de la vie et de son environnement. L'argent est ce qui manque le moins, contrairement à ce que vous répondent vos élus, mais l'enseignement n'est pas un secteur rentable.

Il existe pourtant une alternative à l'économie de dépérissement et à son impossible relance. Se détournant du fossé qui se creuse de plus en plus entre les intérêts de la marchandise et l'intérêt du vivant, elle propose de reconvertir au service de l'humain une technologie que l'impérialisme lucratif a déshumanisée – jusqu'à en faire, dans le cas de la fission nucléaire et de l'expérimentation génétique, de redoutables nuisances. Elle exige d'accorder la priorité à la qualité de la vie et à ces activités de base que l'absurdité du capitalisme archaïque condamne précisément à se démembrer sous le coup d'incessantes restrictions budgétaires : le logement, l'alimentation, le transport, l'habillement, les soins de santé, l'éducation et la culture.

Une mutation s'amorce sous nos yeux. Le néocapitalisme s'apprête à reconstruire avec profit ce que l'ancien a ruiné. En dépit des résistances du passé, les énergies naturelles finiront par se substituer aux moyens de production polluants et dévastateurs.

De même que la révolution industrielle a suscité, dès le début du XIXe siècle, un nombre considérable d'inventeurs et d'innovations – électricité, gaz, machine à vapeur, télécommunications, transports rapides –, de même notre époque est-elle en demande de nouvelles créations qui remplaceront ce qui ne sert aujourd'hui la vie qu'en la menaçant : le pétrole, le nucléaire, l'industrie pharmaceutique, la chimie polluante, la biologie expérimentale… et la pléthore de services parasitaires où la bureaucratie prolifère.

La fin du travail forcé inaugure l'ère de la créativité

Le travail est une création avortée. Le génie créateur de l'homme s'est trouvé pris au piège d'un système qui l'a condamné à produire pouvoir et profit, ne laissant d'autre exutoire à sa luxuriance que l'art et la rêverie.

Or, ce travail d'exploitation de la nature, si souvent exalté comme la puissance prométhéenne qui transforme le monde, nous délivre aujourd'hui son bilan pour solde de tout compte : une survie confortable dont les ressources et le cœur s'épuisent dans le cercle vicié de la rentabilité.

Comment un travail si inutile et si nuisible à la vie ne s'épuiserait-il pas à son tour ? Il procurait hier la voiture et la télévision, au prix de l'air pollué et des palliatifs d'une vie absente. Il n'est plus aujourd'hui qu'une bouée de sauvetage aléatoire dans une société que paralyse l'inflation bureaucratique, où rien n'est plus garanti, ni le salaire, ni le logement, ni les produits naturels, ni les ressources énergétiques, ni les acquis sociaux.

Dans une atmosphère que la raréfaction des affaires rend oppressante, la diminution du travail est évidemment ressentie comme une malédiction. Le chômage est un travail en creux. Une même résignation y fait attendre une aumône ainsi que le travailleur attend son salaire en s'adonnant à une occupation qui l'ennuie (bien qu'il juge désormais imprudent de l'avouer).

Tandis que tout va à vau-l'eau au fil d'un désespoir qu'inspire l'autodestruction planétaire économiquement programmée, un monde est là à l'abandon, qu'il importe de restaurer, de dépouiller de ses nuisances et de rebâtir pour notre bien-être, comme si, en se brisant, le miroir des illusions consuméristes avait mis le bonheur à notre portée, après en avoir montré le reflet mensonger.

Diminuer le temps de travail afin de le mieux répartir ? Soit. Mais dans quelle perspective et avec quelle conscience ? Si le but de l'opération est, pour le plus grand nombre, de produire davantage de biens et de services utiles au marché et non à la vie, en échange d'un salaire qui en paiera la consommation croissante, alors le vieux capitalisme n'aura fait que récupérer à son profit ce qu'il feint d'abandonner au profit de tous.

En revanche, si la même démarche obéit aux sollicitations d'un néocapitalisme qui cherche dans l'investissement écologique une arme contre l'immobilisme d'un patronat sans imagination, il ne manquera qu'une prise de conscience pour que le salaire garanti et le temps de travail réduit ouvrent à chacun le champ d'une libre création et le loisir de se retrouver et d'être enfin soi.

Car, en dépit de l'occultation qu'entretiennent à son sujet les bureaucraties de la corruption et les mafias affairistes, il existe une demande économico-sociale qui va à contre-courant des appels au secours de la débâcle ordinaire. Elle réclame un environnement qui améliore la qualité de la vie, une production sans oppression ni pollution, des relations authentiquement humaines, la fin de la dictature que la rentabilité exerce sur la vie.

À vous – et à l'école nouvelle que vous inventerez – d'empêcher que la créativité, objectivement stimulée par la promesse d'emplois d'utilité publique, ne s'enferre dans l'aliénation économique en se coupant de la création de soi.

Si vous oubliez ce que vous êtes et dans quelle vie vous voulez être, n'espérez d'autre sort que celui d'une marchandise bonne à être jetée une fois franchi le poste de péage.

Privilégier la qualité

À force d'obéir au critère de la quantité, la course au profit verse dans l'absurdité de la surproduction. Produire beaucoup augmentait hier la plus-value des patrons, qui n'hésitaient pas à détruire les excédents de café, de viande, de blé, afin d'empêcher une baisse des prix sur le marché.

Le développement de la consommation a permis, en touchant une plus large couche de population, d'absorber jusqu'à un certain point une quantité croissante de marchandises conçues moins pour leur usage pratique qu'à l'effet de rapporter de l'argent. La qualité d'un produit a été traitée avec d'autant plus de désinvolture que ce n'est pas elle qui déterminait le chiffre des ventes mais le mensonge publicitaire dont elle était habillée pour séduire le client.

Mais tant va la surenchère à ce qui lave plus blanc que le mensonge s'use à son tour. Outragée par l'excès du mépris, la clientèle a fini par regimber. Elle s'est montrée critique, elle a refusé d'avaler aveuglément ce que la petite cuillère du slogan lui enfournait à tout instant dans les yeux, la bouche, les oreilles, la tête.

Beaucoup ont donc décidé de ne plus se laisser consommer par une économie qui se moque de leur santé et de leur intelligence. En exigeant la qualité de ce qui leur est proposé, c'est leur propre qualité d'êtres qu'ils découvrent ou redécouvrent, c'est leur spécificité d'individus lucides, qu'avait occultée cette réduction à l'état grégaire que provoque et entretient la propagande consumériste.

Mais, alors que les organismes de défense des consommateurs organisent le boycott des produits dénaturés par une agriculture inondant le marché de céréales forcées, de légumes aux engrais, de viandes issues d'animaux martyrisés dans des élevages concentrationnaires, il semble que l'on s'accommode assez dans les lycées de voir la culture prendre le même chemin que la pire des agricultures.

Si les hommes politiques nourrissaient à l'égard de l'éducation les bonnes intentions qu'ils ne cessent de proclamer, ne mettraient-ils pas tout en œuvre pour en garantir la qualité ? Tarderaient-ils à décréter les deux mesures qui déterminent la condition *sine qua non* d'un apprentissage humain : augmenter le nombre des enseignants et diminuer le nombre d'élèves par classe, en sorte que chacun soit traité selon sa spécificité et non dans l'anonymat d'une foule ?

Mais, apparemment, l'intérêt a pour eux une connotation plus économique que simplement humaine. Si les gouvernements privilégient l'élevage intensif d'étudiants consommables sur le marché, alors les principes d'une saine gestion prescrivent d'encaquer dans le plus petit espace scolaire la plus grande quantité de têtes, façonnables par le moins de personnel possible. La logique est imparable et aucune société protectrice des animaux ne s'insurgera contre la consommation forcée de connaissances soumises à la loi de l'offre et de la demande, ni contre les mœurs de maquignons qui règnent sur la foire aux emplois.

Résignez-vous donc au parti pris de bêtise qu'implique l'état grégaire, car je ne vois pour éduquer une classe de trente élèves que la férule ou la ruse.

Mais n'invoquez pas l'impossibilité matérielle de promouvoir un enseignement personnalisé. La sophistication des techniques audiovisuelles ne permettrait-elle pas à un grand nombre d'étudiants de recevoir individuellement ce qu'il appartenait jadis au maître de répéter jusqu'à mémorisation (orthographe, grammaire élémentaire, vocabulaire, formules chimiques, théorèmes, solfège, déclinaisons...) ? Voire d'en tester sur le mode du jeu le degré d'assimilation et de compréhension ?

Ainsi libéré d'une occupation ingrate et mécanique, l'éducateur n'aurait plus qu'à se consacrer à l'essentiel de sa tâche : assurer la qualité des informations reçues globalement, aider à la formation d'individus autonomes, donner le meilleur de son savoir et de son expérience en aidant chacun à se lire et à lire le monde.

Information au plus grand nombre, formation par petits groupes. Au centre d'un vaste réseau d'irrigation drainant vers chaque élève la multiplicité des connaissances, l'éducateur aura enfin la liberté de devenir ce qu'il a toujours rêvé d'être : le révélateur d'une créativité dont il n'est personne qui ne possède la clé, si enfouie soit-elle sous le poids des contraintes passées.

APPRENDRE L'AUTONOMIE, NON LA DÉPENDANCE

L'école a prorogé pendant des siècles la mise sous séquestre de l'enfant par la famille autoritaire et patriarcale. Maintenant que s'esquisse entre les parents et leur progéniture une compréhension mutuelle faite d'affection et d'autonomie progressive, il serait regrettable que l'école cessât de s'inspirer de la communauté familiale.

Paradoxalement, le système éducatif, qui accueille avec les jeunes ce qui change le plus, est aussi ce qui a le moins changé.

La famille traditionnelle préférait fabriquer des enfants à la chaîne plutôt que d'offrir la vie à deux ou trois petits êtres auxquels elle eût consacré sans réserve son amour et son attention. Ceux qui ne mouraient pas en bas âge gardaient le plus souvent au cœur une blessure secrète. La tyrannie, la culpabilité, le chantage affectif engendrèrent de la sorte des générations de matamores dissimulant sous la dureté du caractère un infantilisme qui leur enjoignait de chercher un substitut du père et de la mère dans ces familles d'emprunt que constituaient les églises, les partis, les sectes, le grégarisme national et les corps d'armée en tous genres. L'histoire n'a connu, pour son inhumanité, que des bravaches en mal d'assistance. Il fallait quelque cynisme pour évoquer la « sélection naturelle », propre à l'espèce animale, alors que la production de chair à usine et à canon impliquait sa correction statistique, et que l'économie familiale de procréation comportait un vice de forme où la mort trouvait son compte.

L'évolution des mœurs nous fait regarder aujourd'hui comme une monstruosité cette prolifération bestiale de vies irrémédiablement condamnées à se résorber sous les coups de machette de la guerre, du massacre, de la famine, de la maladie. Il n'empêche : stigmatiser la surpopulation des pays où l'obscurantisme religieux se nourrit de la misère qu'il entretient sciemment, et accepter en Europe qu'un même esprit archaïque et méprisant continue de traiter les étudiants comme du bétail relève d'une inconséquence certaine.

Car le surpeuplement des classes n'est pas seulement cause de comportements barbares, de vandalisme, de délinquance, d'ennui, de désespoir, il perpétue de surcroît l'ignoble critère de compétitivité, la lutte concurrentielle qui élimine quiconque ne se conforme pas aux exigences du marché. La brute arriviste l'emportant sur l'être sensible et généreux, voilà ce que les margoulins au pouvoir appellent eux aussi, comme les brillants penseurs de jadis, une sélection naturelle.

Il n'y a pas d'enfants stupides, il n'y a que des éducations imbéciles. Forcer l'écolier à se hisser au sommet du panier contribue au progrès laborieux de la rage et de la ruse animales mais sûrement pas au développement d'une intelligence créatrice et humaine.

Dites-vous que nul n'est comparable ni réductible à qui que ce soit, à quoi que ce soit. Chacun possède ses qualités propres, il lui incombe seulement de les affiner pour le seul plaisir de se sentir en accord avec ce qui vit. Que l'on cesse donc d'exclure du champ éducatif l'enfant qui s'intéresse plus aux rêves et aux hamsters qu'à l'histoire de l'Empire romain. Pour qui refuse de se laisser programmer par les logiciels de la vente promotionnelle, tous les chemins mènent vers soi et à la création.

Il fallait hier s'identifier au père, héros ou crétin aux sarcasmes si doux. Maintenant que les pères s'avisent que leur indépendance progresse avec l'indépendance de l'enfant, maintenant qu'ils éprouvent assez l'amour de soi et des autres pour aider l'adolescent à se défaire de leur image, qui supportera que l'école propose encore comme modèles d'accomplissement le financier efficace et véreux, l'homme politique énergique et gâteux, le mafieux régnant par le clientélisme et la corruption, l'affairiste tirant ses derniers profits du pillage de la planète ?

C'est se condamner à ne s'atteindre jamais que de rechercher son identité dans une religion, une idéologie, une nationalité, une race, une culture, une tradition, un mythe, une image. S'identifier à ce que l'on possède en soi de plus vivant, cela seul émancipe.

L'alliance avec l'enfant est une alliance avec la nature

La violence exercée contre l'enfant par la famille patriarcale participait du viol de la nature par le travail de la marchandise. Que la conscience d'un pillage planétaire soit passée de la défense de l'environnement à une volonté d'approche non violente des ressources naturelles n'a pas peu contribué à briser le joug que l'exploitation économique faisait peser sur l'homme, la femme, l'enfant, la faune et la flore.

Le sentiment que nous sommes issus d'une matrice commune, qui est la terre, et dont le souvenir se ravive lors de la gestation dans le ventre maternel, a d'autant mieux nourri la nostalgie d'un âge d'or et d'une harmonie originelle que le travail forcé nous séparait de la nature et de nous-mêmes avec un déchirement longtemps perçu comme un tourment existentiel, une souffrance de l'être.

L'échec d'une économie de saccage et de pollution et l'émergence d'un projet de recréation symbiotique de l'homme et de son milieu naturel nous débarrassent désormais d'un paradis perdu dont le fantasme a hanté l'histoire impuissante à se construire humainement : le mythe du bon sauvage, du communisme primitif, du millénarisme apocalyptique qui, après avoir fait les beaux jours du nazisme, renaît sous le nom d'intégrisme.

Au moins aurons-nous appris que la vie n'est pas une régression au stade protoplasmique mais un processus d'affinement et d'organisation des désirs.

L'idée a longtemps prévalu, dans la lutte contre le cancer, qu'il importait de détruire les cellules qu'une soudaine et frénétique prolifération condamnait au dépérissement. On tient aujourd'hui pour préférable de renforcer le potentiel de vie des cellules périphériques saines et de favoriser la reconquête du vivant plutôt que d'anéantir celles dont la mort s'est emparée. J'aimerais assez qu'une telle attitude déterminât souverainement notre rapport avec nous-mêmes, avec nos semblables et avec le monde.

À l'encontre de tant de générations abruties qui firent de la sensibilité une faiblesse, dont beaucoup se prémunissaient en devenant sanguinaires, nous savons désormais que l'amour du vivant éveille une intelligence sans commune mesure avec l'esprit retors qui règne sur les univers totalitaires.

Une éthique, fort estimable, du respect des êtres prescrit de ne pas tuer une bête, de ne pas abattre un arbre sans avoir tout entrepris pour l'éviter. Néanmoins, ce qu'une telle recommandation suppose d'artifice et de contrainte n'emportera jamais la conviction comme la conscience que le préjudice qui se fait au vivant se fait à soi-même, si l'on n'y prend garde, parce que le vivant n'est pas un objet mais un sujet qui mérite d'être traité selon le droit imprescriptible de ce qui est né à la vie.

De l'aide indispensable au refus de l'assistance permanente

Le chemin de l'autonomie est à l'exemple de celui que parcourt l'enfant qui apprend à marcher.

Cela ne va pas sans larmes ni efforts. Le risque de tomber, de se cogner, de souffrir ajoute aux premiers pas l'entrave de la peur. Pourtant, le secours d'une affection qui encourage à se relever, à recommencer, à s'obstiner, à coordonner les gestes démontre que la maîtrise des mouvements s'acquiert mieux et plus vite que dans les conditions anciennes où il s'agissait de progresser non seulement sous les feux croisés de la vanité narquoise, de la menace diffuse, de l'angoisse de n'être plus aimé si l'on ne s'applique pas, mais surtout à travers un malaise, sournoisement entretenu par l'ambiguïté de parents désirant et redoutant tout à la fois que leur enfant fasse ses premiers pas vers une autonomie qui le soustrairait à leur autorité tutélaire et leur ôterait le sentiment d'être indispensables.

L'enseignement des tout-petits a épousé sans peine les dispositions familiales qui mettent tout en œuvre pour assurer le bonheur dans l'indépendance – tant il est vrai que les parents la recouvrent dès que l'adolescent en découvre la maîtrise. S'inspirant de cette compréhension osmotique où l'on éduque en se laissant éduquer, les écoles maternelles atteignent au privilège d'accorder le don de l'affection et le don des premières connaissances – et qu'une qualité si précieuse à l'existence des individus et des collectivités soit redevable à l'affairisme gouvernemental des salaires les plus bas dit assez à quel mépris de l'utilité publique aboutit la logique du profit.

La rupture est brutale dès l'entrée au lycée. On y régresse dans la famille archaïque où l'enfant n'apprenait à se débrouiller seul qu'en signant l'acte d'une reconnaissance éternelle à ceux qui avaient assuré son dressage. La confiance en soi, sapée et compensée par l'insolence, y recompose le répugnant mélange de morgue et de servilité qui formait, dans le passé, l'ordinaire du comportement social.

Au désir sincère de faire de l'adolescent un être humain à part entière se surimpose dans un inévitable malaise l'exercice d'un pouvoir auquel la structure hiérarchique contraint l'enseignant. Comment ne l'emporterait-elle pas, la tentation de se rendre indispensable et d'entretenir chez l'étudiant une débilité qui en rende la domination plus aisée ? Qui vend des béquilles a besoin d'éclopés.

Nous sortons à peine et avec peine d'une société où, à défaut d'avoir jamais pu croire en eux, les individus ont accordé leur croyance à tous les pouvoirs qui les estropiaient en les faisant marcher. Dieu, églises, État, patrie, parti, leaders et petits pères des peuples, tout leur a été prétexte raisonnable pour n'avoir pas à vivre d'eux-mêmes. Ces enfants qu'on ne relevait jadis que pour les faire tomber, il est temps de leur apprendre à apprendre seuls. Que soit enfin rompue l'habitude d'être en demande au lieu d'être en offre, et que soit révolue la misérable société d'assistés permanents dont la passivité fait la force des corrompus.

L'argent du service public ne doit plus être au service de l'argent

L'éducation appartient à la création de l'homme, non à la production de marchandises. N'aurions-nous révoqué l'absurde despotisme des dieux que pour tolérer le fatalisme d'une économie qui corrompt et dégrade la vie sur la planète et dans notre existence quotidienne ?

La seule arme dont nous disposions est la volonté de vivre, alliée à la conscience qui la propage. Si l'on en juge par la capacité de l'homme à subvertir ce qui le tue, ce peut être une arme absolue.

La logique des affaires, qui tente de nous gouverner, exige que toute rétribution, subvention ou aumône consentie se paie d'une plus grande obédience au système marchand. Vous n'avez d'autre choix que de la suivre ou de la refuser en suivant vos désirs. Ou vous entrerez comme clients dans le marché européen du savoir lucratif – autrement dit comme esclaves d'une bureaucratie parasitaire, condamnée à s'effondrer sous le poids croissant de son inutilité –, ou vous vous battrez pour votre autonomie, vous jetterez les bases d'une école et d'une société nouvelles, et vous récupérerez, pour l'investir dans la qualité de la vie, l'argent dilapidé chaque jour dans la corruption ordinaire des opérations financières. « Le Syndicat national unifié des impôts évalue à 230 milliards de francs, soit près du montant du déficit budgétaire, la fraude imputable aux milieux d'affaires, comme le fait apparaître le coin du voile levé sur les pratiques de corruption des grands groupes industriels et financiers*. »

L'argent volé à la vie est mis au service de l'argent. Telle est la réalité occultée par l'ombre absurde et menaçante des grandes institutions économiques : Banque mondiale, Fonds monétaire international, Organisation de coopération et de développement éco-

* C. de Brie, « La politique pervertie par les milieux d'affaires », *Le Monde diplomatique*, octobre 1994.

nomiques, Accord général sur les tarifs douaniers et le commerce, Commission européenne, Banque de France et *tutti quanti*.

Leur soutien aux fondations et aux centres de recherches universitaires implique en échange que soit propagé l'évangile du profit, aisément transfiguré en vérité universelle par la vénalité de la presse, de la radio, de la télévision.

Mais, si formidable qu'elle paraisse, la machine tourne à vide, elle se détraque lentement ; elle finira, comme dans *La Colonie pénitentiaire* de Kafka, par graver sa Loi dans la chair de son maître.

Ne voyons-nous pas, à la faveur d'une réaction éthique, quelques magistrats courageux briser l'impunité que garantissait l'arrogance financière ? Imposer les grosse fortunes (1 % des Français possèdent 25 % de la fortune nationale et 10 % en détiennent 55 %), taxer les émoluments perçus par les hommes d'affaires, dénoncer le scandale des frais de représentation, frapper de lourdes amendes les gestionnaires de la corruption, bloquer les avoirs de la fraude internationale indiquent assez, sur une carte lisible par tous, les accès au trésor que les citoyens alimentent et dont ils sont systématiquement spoliés. Il est non moins vrai que la piste se brouillera sous l'effet dévastateur de la résignation si l'argent n'est pas saisi pour être investi dans le seul domaine qui soit véritablement d'intérêt général : la qualité de la vie quotidienne et de son environnement.

Sans doute les magistrats intègres disposent-ils de l'appareil de la justice, et vous, vous n'avez rien, parce que vous n'avez rien créé qui puisse vous soutenir. Pourtant, vous possédez sur la répression, si juste qu'elle se veuille, un avantage dont elle ne pourra jamais se prévaloir : la générosité du vivant, sans laquelle il n'y a ni création ni progrès humains.

L'enseignement se trouve dans l'état de ces logements inoccupés que les propriétaires préfèrent abandonner à la dégradation parce que l'espace vide est rentable et qu'y accueillir des hommes, des femmes, des enfants dépouillés de leur droit à l'habitat ne l'est pas. Ainsi que le constate *The Economist*, « la subordination du commerce aux droits de l'homme aurait un coût supérieur aux bénéfices escomptés » (9 avril 1994). Cependant, réquisitionner un bâtiment pour y abriter la misère – je veux dire s'y installer passivement parce qu'on y est au chaud – n'échappe pas en dernier ressort au plan de destruction des biens utiles auquel conduisent l'inflation des secteurs parasitaires et la bureaucratie proliférante qu'elle engendre.

Ce dont vous allez vous emparer ne sera vraiment à vous que si vous le rendez meilleur ; au sens même où vivre signifie vivre mieux. Occupez donc les établissements scolaires au lieu de vous laisser approprier par leur délabrement programmé. Embellissez-les à votre guise, car la beauté incite à la création et à l'amour, au lieu que la laideur attire la haine et l'anéantissement.

Transformez-les en ateliers créatifs, en centres de rencontres, en parcs de l'intelligence attrayante. Que les écoles soient les vergers d'un gai savoir, à l'instar des jardins potagers que les chômeurs et les plus démunis n'ont pas encore eu l'imagination d'implanter dans les grandes villes en défonçant le bitume et le béton.

Les erreurs et tâtonnements de qui entreprend de créer et de se créer ne sont rien en regard du privilège que confère une telle résolution : révoquer la crainte d'être soi qui secrètement nourrit et sollicite les forces de répression.

Nous sommes nés, disait Shakespeare, pour marcher sur la tête des rois. Les rois et leurs armées de bourreaux ne sont plus que poussière. Apprenez à marcher seuls et vous foulerez du pied ceux qui, dans leur monde qui se meurt, n'ont que l'ambition de mourir avec lui.

C'est aux collectivités d'élèves et de professeurs que reviendra la tâche d'arracher l'école à la glaciation du profit et de la rendre à la simple générosité de l'humain. Car il faudra tôt ou tard que la qualité de la vie accède à la souveraineté que lui dénie une économie réduite à vendre et à valoriser sa débâcle.

Dès l'instant où vous formerez le projet d'un enseignement fondé sur un pacte naturel avec la vie, vous n'aurez plus à mendier l'argent de ceux qui vous exploitent et vous méprisent en vous rentabilisant. Vous l'exigerez car vous saurez pourquoi et comment vous en emparer.

On est au-dessous de toute espérance de vie tant que l'on reste en deçà de ses capacités.

20 février 1995.

Biographie de Raoul Vaneigem

1934. Naissance à Lessines (Hainaut).

1951. Études de philologie romane à l'Université libre de Bruxelles.

1956. Agrégation de lettres. Professeur à l'École normale de Nivelles (Brabant).

1961-1970. Participation à l'Internationale situationniste.

1964-1972. Rédacteur à l'*Encyclopédie du monde actuel* (EDMA).

1986. Collaborations occasionnelles à l'*Encyclopedia Universalis*.

Repères bibliographiques

Ouvrages de Raoul Vaneigem

- *Adresse aux vivants sur la mort qui les gouverne et l'opportunité de s'en défaire*, Seghers-Laffont, 1990.
- *Banalités de base*, collection Minimales, Verticales, 2004.
- *De l'inhumanité de la religion*, Denoël, 2000.
- *Déclaration des droits de l'être humain*, collection Amor Fati, Le Cherche Midi, 2001.
- *Dictionnaire des citations : pour servir au divertissement et à l'intelligence du temps*, collection Amor Fati, Le Cherche Midi, 1998.
- *La Résistance au christianisme. Les Hérésies des origines au XVIIIe siècle*, Fayard, 1993.
- *L'Ère des créateurs*, collection L'Ivre Examen, Complexe, 2002.
- *Le Chevalier, la Dame, le Diable et la Mort*, collection Amor fati, Le Cherche Midi, 2003.
- *Lettre de Staline à ses enfants réconciliés*, Verdier, 1998.
- *Modestes Propositions aux grévistes : pour en finir avec ceux aui nous empêchent de vivre*, collection Minimales, Verticales, 2004.
- *Nous qui désirons sans fin*, collection Folio actuel, Gallimard, 1998.
- *Pour l'abolition de la société marchande pour une société vivante*, collection Rivages-Poches, Rivages, 2004.
- *Pour une internationale du genre humain*, collection Amor Fati, Verticales, 1999.
- *Rien n'est sacré, tout peut se dire, réflexions sur la liberté d'expression*, collection Sur le vif, La Découverte, 2003.
- *Traité de savoir-vivre à l'usage des jeunes générations*, Gallimard, 1967 ; réédition Folio Actuel, 1992.

Mille et une nuits propose des chefs-d'œuvre pour le temps d'une attente, d'un voyage, d'une insomnie…

La Petite Collection (extrait du catalogue) 531. Sébastien Bailly, *Le Meilleur de l'absurde.* 532. Gilbert Keith CHESTERTON, *La Morale des elfes.* 533. Georges PALANTE, *La Sensibilité individualiste.* 534. CATULLE, *Poèmes à Lesbie et autres poèmes d'amour.* 535. OULIPO, *Oulipo. Pièces détachées.* 536. EÇA DE QUEIROS, *Les Anglais en Égypte.* 537. Joseph de MAISTRE, *Contre Rousseau (De l'état de nature).* 538. ANONYME, *Va te marrer chez les Grecs (Philogelos).* 539. Patrick BESSON, *Et la nuit seule entendit leurs paroles.* 540. Frédéric H. FAJARDIE, *Une charette pleine d'étoiles.* 541. Arthur SCHOPENHAUER, *Métaphysique de l'amour sexuel.* 542. Khalil GIBRAN, *Jésus, Fils de l'Homme.* 543. Emily BRONTË, *Devoirs de Bruxelles.* 544. COLLÈGE DE 'PATAPHYSIQUE, *Le Cercle des pataphysiciens.* 545. Sébastien BAILLY, *Le Meilleur de l'humour noir.* 546. SÉNÈQUE, *L'Art d'apaiser la colère.* 547. Sébastien BAILLY, *Le Meilleur de l'amour.* 548. ARISTOPHANE, *Lysistrata. Faisons la grève du sexe !.* 549. Friedrich ENGELS, *La Situation des classes laborieuses en Angleterre. Dans les grandes villes.* 550. Georges COURTELINE, *La Philosophie de Georges Courteline.* 551. Blaise PASCAL, *Trois Discours sur la condition des grands.* 552. Élisée RECLUS, *L'Anarchie.* 553. François CARADEC, *Entrez-donc, je vous attendais.* 554. Benjamin FRANKLIN, *Bagatelles et autres textes.* 555. Honoré DE BALZAC, *Z. Marcas.* 556. Pierre-Auguste RENOIR, *L'Amour avec mon pinceau.* 557. Joachim du BELLAY, *Deffence & Illustration de la langue françoyse.* 559. Patrick BESSON, *Les Années Isabelle.* 560. Sébastien BAILLY, *Le Meilleur de la bêtise.* 561. Arthur SCHOPENHAUER, *Sur le besoin Métaphysique de l'humanité.* 562. Edgar Allan POE, *Le Démon de la perversité et autres contes.*

Pour chaque titre, le texte intégral, une postface, la vie de l'auteur et une bibliographie.

49.40.4444.3/07
Achevé d'imprimer en décembre 2009
par La Nouvelle Imprimerie Laballery (Clamecy, France).

N° d'impression : 912047

Pour l'éditeur, le principe est d'utiliser des papiers composés de fibres naturelles, renouvelables, recyclables et fabriquées partir de bois issus de forêts qui adoptent un système d'aménagement durable. En outre, l'éditeur attend de ses fournisseurs de papier qu'ils s'inscrivent dans une démarche de certification environnementale reconnue.